"마음으로 떠나는 여행에는 한계가 없다."

"자라나는 열 살짜리 아이와 교감하는 것은 중요합니다.
어쩌면 그게 온 세상을 바꾸는 일이니까요."

- 키스 해링

"키스가 세계를 돌아다니며 벽에 그림을 그리면 어린이들이 구경하러 몰려들어요.
활짝 열린 마음과 열정을 가지고 벽 앞에 선 키스는
'당신' 앞에도 그렇게 나타날 거예요!
키스는 좋은 의미에서 어린이를 닮았어요. 활짝 열린 사람이거든요."

- 티머시 리리

모두를 위한 예술가 키스해링의 낙서장

초판 1쇄 발행 2020년 9월 8일
초판 3쇄 발행 2022년 8월 9일

글 매슈 버제스 | 그림 조시 코크런 | 옮김 송예슬 | 발행 박상희
ISBN 979-11-6581-033-7 (77800) | CIP제어번호 CIP2020034899

Originally published by Enchanted Lion Books, 67 West Street, Studio 403, Brooklyn, NY 11222, USA
Under the title "Drawing on walls"
Copyright ⓒ 2020 Enchanted Lion Books
Text copyright ⓒ 2020 Matthew Burgess
Illustrations copyright ⓒ 2020 Josh Cochran

Korean language edition ⓒ 2020 by Spoonbook, Inc.
Korean translation rights arranged with VeroK Agency, Barcelona, Spain & EntersKorea Co., Ltd., Seoul, Korea.

이 책의 한국어판 저작권은 ㈜엔터스코리아를 통한 저작권사와의 독점 계약으로 스푼북이 소유합니다.
저작권법에 의하여 한국 내에서 보호를 받는 저작물이므로 무단전재와 무단복제를 금합니다.

* 책값은 뒤표지에 있습니다.
* 잘못 만들어진 책은 구입하신 곳에서 바꾸어 드립니다.

* 인용 출처
  《Drawing the Line: A Portrait of Keith Haring》(Elisabeth Aubert, New Jersey: Kultur International Films, 1989)
  《Keith Haring: The Authorized Biography》(John Gruen, New York: Prentice Hall Press, 1991)
  《Keith Haring Journals》(New York: Penguin, 1996)
  《The Art Spirit》(Robert Henri, Philadelphia: J.B. Lippincott Company, 1923. Reprint, New York: Basic Books, 2007)
  <Off the Wall with Keith and the Kids>(Directed by Mike Lorentz, Chicago: PBS, WTTW, 1989)
  <Keith Haring: Just Say Know>(David Sheff, Rolling Stone, August 10, 1989)

* 본문에 나오는 나이는 모두 만으로 계산한 나이입니다.

제품명 모두를 위한 예술가: 키스 해링의 낙서장 **제조국명** 대한민국
제조자명 주식회사 스푼북 | **출판신고** 2016년 11월 15일 제2017-000267호
주소 (03993) 서울시 마포구 월드컵북로 6길 88-7 ky21빌딩 2층
전화번호 02-6357-0050 | **전자우편** book@spoonbook.co.kr
제조년월 2022년 8월 9일 | **사용연령** 4세 이상
※ KC마크는 이 제품이 공통안전기준에 적합하였음을 의미합니다.

⚠ 주 의
아이들이 모서리에 다치지
않게 주의하세요.

모두를 위한 예술가

키스해링의 낙서장

글 매슈 버제스 | 그림 조시 코크런 | 옮김 송예슬

스푼북

키스 해링이
일본 다마에서
어린이들과 함께
벽화를 그리고 있어요.

키스가 밑그림을 그리면
어린이들이 그곳에다
원하는 걸 채워 넣어요.

어렸을 때 키스는 아빠와 그림을 자주 그렸어요.
번갈아 가며 선을 더하다 보면
풍선이 아이스크림이 되고
강아지가 불을 뿜는 용으로 변신했어요.
가끔은 두 눈을 감고 그리기도 했지요.

키스는 언제 어디서나 그림을 그렸어요.
멋진 생각이 떠올라 그림을 그리려고 하면
엄마는 이렇게 말했지요.
"벽에는 안 된다!"

첫째였던 키스는 크면서 여동생 세 명을 차례로 맞이했어요.
가장 먼저 카이, 그다음에 캐런,
마지막으로 크리스틴이 키스가 열두 살일 때 태어났어요.
키스는 좋은 오빠였어요.

키스네 가족은 미국 펜실베이니아주의 작은 마을 쿠츠타운에서 살았어요.
여름이 되면 뒷마당에서 겨루기 대회를 열어
마을 사람들을 모두 초대했어요.
암호를 알아야 들어갈 수 있는 모임을 만들고
친구들끼리 노는 작은 집도 지었어요.

막내 크리스틴이 크레용을 갖고 놀 나이가 되자
키스는 어릴 적 아빠에게 배운 대로
동생과 함께할 수 있는 놀이를 발명했어요.
각자 종이에 그림을 그리다가
한 명이 "그만!"이라고 외치면
종이를 바꿔 그림을 마저 완성하는 놀이였죠.
키스는 물감을 칠한 동생의 손바닥을
종이에 꾹 눌러 손도장을 만들어 주기도 했어요.
저기 모빌도 보이네요.

키스의 절친한 친구 커밋도
무언가 만들기를 좋아하는 아이였어요.
학교 친구들은 두 사람을 '예술가들'이라고 불렀어요.
작업실을 갖고 싶었던 키스와 커밋은
커밋 고모네 창고를 정리해 작업실로 삼았어요.

키스는 구불구불 꼬인 선으로
무엇이든 그리기를 좋아했어요.
그가 그린 선은 사물을 통과하고 빙 둘러 가면서,
위아래로 들쭉날쭉 이어졌지요.

열여섯 살이 된 키스는 집에만 있기가 지루했어요.
그래서 그해 여름 키스는 버스를 타고
쿠츠타운 남쪽에 있는 해변 도시로 갔어요.
바닷가에 머무르며 피츠버그와 뉴욕에서 온 또래와 어울렸지요.

키스는 식당에서 설거지하며 돈을 벌었고
쉴 때는 계속 그림을 그렸어요.
가끔은 동이 틀 때까지 밤새도록 그림에만 열중했어요.

키스는 고등학교를 졸업하고 상업 미술을 배우러
피츠버그로 떠났어요.
하지만 그곳은 키스와 어울리지 않았어요.
키스는 마음이 가는 대로 자유롭게,
자신이 그리는 선을 따라가 보고 싶었어요.

키스는 크리스마스를 맞아 집으로 돌아가던 길에
로버트 헨리의 《예술의 정신》을
우연히 읽게 되었어요.
키스는 몇 줄 읽자마자 그 책이
바로 자신에게 말하고 있다는 걸 알았어요.
꼭 친구가 말을 건네는 것만 같았어요.

"몰입할 수 있는 일을 하라.
예술가란 군중을 떠나 앞으로 나아가는 존재이다."

그래서 키스는 학교를 그만두고 이런저런 일을 해서 돈을 모아 전국을 여행했어요.
언제나 《예술의 정신》을 끼고 다니면서 앞으로 무엇을 해야 하는지 고민했지요.

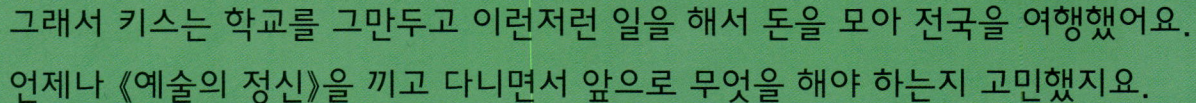

음악, 춤, 시각 예술, 표현의 형식, 희망을 주는 예술. 이것이 내게 어울리는 자리…

예술은 내게서 멀어지지 않으며 멀어질 수도 없다.

피츠버그로 돌아온 키스는
몇 시간씩 도서관에 틀어박혀
존경하는 예술가들에 관한 책을 읽었어요.

전시회에서 피에르 알레신스키의 작품을
실컷 구경하기도 했지요.
키스는 그의 그림에 흠뻑 빠져들었어요!

영감을 얻은 키스는 열정과 자유를 찾으려면
무엇을 해야 하는지 비로소 깨달았어요.

키스는 뉴욕으로 가 시각 예술 학교에 입학했어요.
그도 이제 성인이 되었어요.

하루는 도로 하수구에 버려진
두루마리 종이가 눈에 띄었어요.
키스는 학교 작업실에 그 종이를 펼쳐 놓고서
그림을 크게, 더 크게 그리기 시작했어요.

키스는 햇빛이 잘 드는 작업실 문가에서
문을 활짝 연 채로 그림 그리기를 좋아했어요.
지나가던 사람들이 걸음을 멈춰 구경하고 무슨 그림이냐고 묻기도 했어요.
키스는 그런 게 정말 좋았어요!

키스는 누구나 예술을 이해할 수 있다고 믿었어요.
예술 작품이 화랑이나 미술관에만 있어야 한다거나
부자만 가질 수 있는 것이라고 생각하지 않았지요.
키스는 많은 사람과 교감하고 싶었어요.
"사람들에게는 예술을 누릴 권리가 있어. 예술은 모두를 위한 거야."

이스트 빌리지는 키스의 새로운 놀이터였어요.
그 동네에 있는 교회 지하실에 '클럽 57'이라는
아지트를 만들어 친구들과 어울렸지요.

몇 년이 흘러 스물세 살이 되었을 때
키스는 후안 뒤보스라는 디제이와 사랑에 빠졌어요.
키스는 그림을 그릴 때마다 후안의 음악을 들었어요.
후안은 작은 부엌에서 푸짐한 음식을 요리해 주었어요.
두 사람은 함께여서 행복했어요.

키스는 아직 그림으로 돈을 벌지 못했어요.
그래서 자전거 배달부로,

7번가의 샌드위치 가게 점원으로,

유명한 클럽의 바텐더로,

소호 갤러리의 전시 보조원으로 일했어요.

뉴저지에서 야생화를 뽑는 일을 하기도 했어요.

그중 가장 좋아하는 일은 브루클린에 있는 어린이집에서 아이들과 함께 그림을 그리는 것이었어요.

"아이들의 웃음만큼 날 행복하게 하는 건 없어."

키스는 예술가 친구 팹 파이브 프레디와 함께
알파벳 시티라는 동네를 거닐면서
그곳의 거리 미술을 구경했어요.

벽화의 색깔과 크기, 꿈틀거리는 선들,
누구나 보고 즐길 수 있도록
거리에 활짝 펼쳐진 모습이 키스의 눈길을 사로잡았어요.

디스코와 힙합 음악이 울려 퍼지는 창고에서
사람들이 신나게 춤을 추고 있었어요.
키스는 그 모습에 넋을 잃었어요.
키스에게는 그림 그리기가 춤과 같았어요.
'마음에서 손으로 이어지는 몸짓'이었어요.

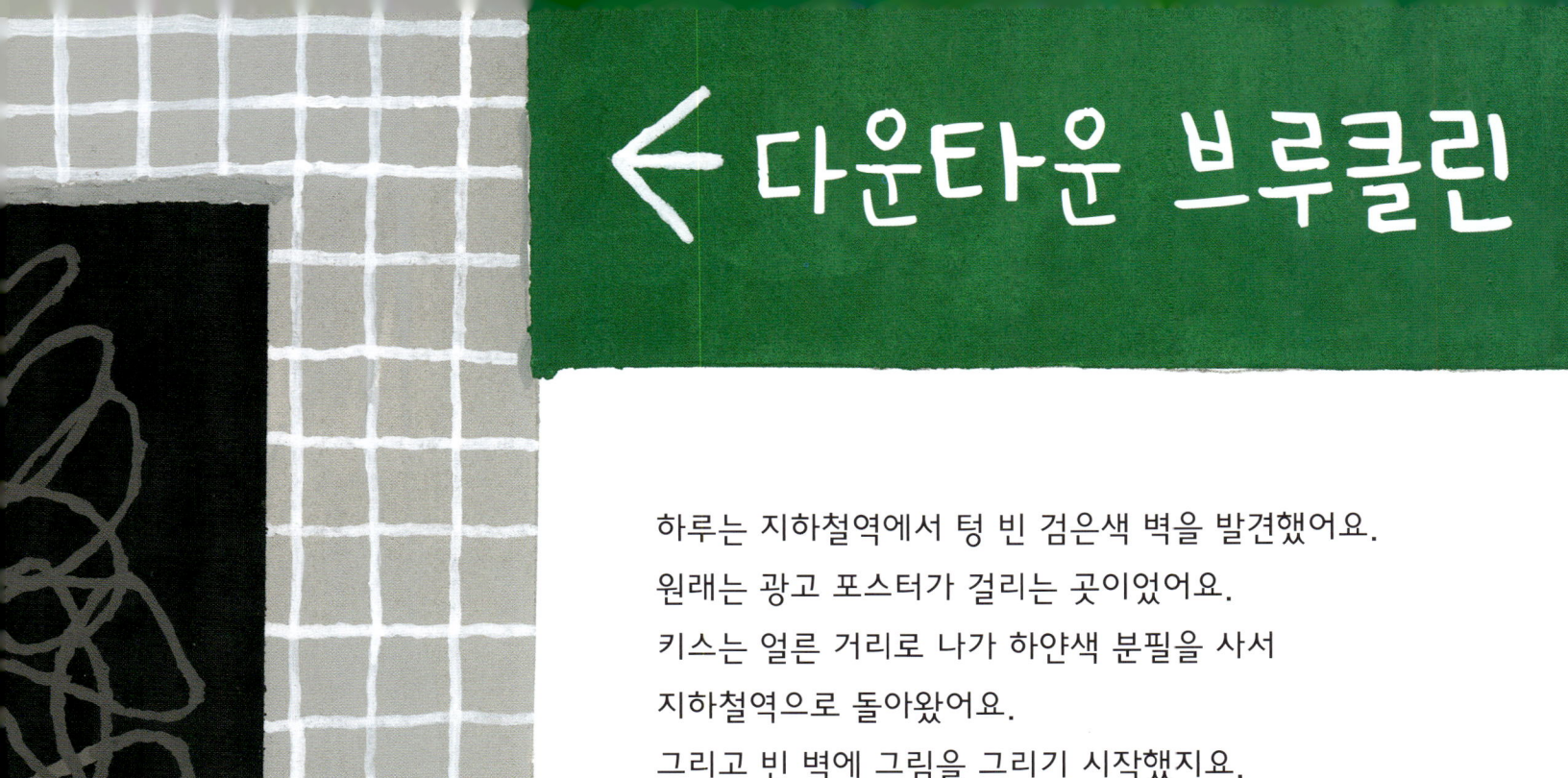

← 다운타운 브루클린

하루는 지하철역에서 텅 빈 검은색 벽을 발견했어요.
원래는 광고 포스터가 걸리는 곳이었어요.
키스는 얼른 거리로 나가 하얀색 분필을 사서
지하철역으로 돌아왔어요.
그리고 빈 벽에 그림을 그리기 시작했지요.

바삐 걸어가던 사람들이
그의 앞에 멈춰 섰어요.
누구나 보고 반응하는 그림.
키스에게는 이것이야말로
진정한 예술이었어요.

사람들은 그걸 보고 웃을 수도,
곰곰이 생각에 잠길 수도 있어요.
영감이 떠올라 직접 그림을 그리거나 글을 쓰거나
춤을 추거나 노래를 부를 수도 있어요.

스물네 살이 된 키스는 소호 거리에 있는
토니 샤프라치 갤러리에서 크게 개인전을 열었어요.
전시회 첫날, 많은 예술가와 음악가, 유명 인사가 방문했고
키스의 친구들, 쿠츠타운에 사는 가족이 찾아와 축하해 주었어요.
이제 키스는 유명한 예술가로 살아가게 되었지요.

하지만 아무리 바쁘게 이곳저곳을 돌아다니더라도
어린이들에게는 늘 시간을 내 주었어요.
키스는 어린이들을 이해했고, 어린이들도 키스를 이해했어요.
키스와 어린이들은 말하지 않아도 통하는 사이였지요.
어린이들이 티셔츠나 스케이트보드, 바지에 그림을 그려 달라고 하면
키스는 언제든 검은 펜을 꺼내 그림을 그려 주었어요.

벽에 그림을 그리고 싶어 하던 쿠츠타운의 꼬마는
어느새 세계 곳곳에 벽화를 그리는 사람이 되었어요.
한번은 서독의 초청을 받아 베를린 장벽에 그림을 그렸어요.
사람들을 갈라놓고 가족과 친구끼리도 생이별을 하도록 만들었던
바로 그 벽에다 말이에요.
키스는 전 세계 사람들이 이어져 있다고 믿었기에
하나로 길게 이어진 사람들의 형상을 벽에 그려 넣었어요.

키스는 미국 시카고에서 고등학생 500명과 약 150미터짜리 벽화를 그리기도 했어요.
완성하는 데 꼬박 닷새가 걸린 이 벽화는 그가 작업한 벽화 중에 최고로 길었어요.
시카고 시장은 '키스 해링 주간'을 만들어 그에게 고마움을 전했어요.
벽화를 본 어느 아이가 키스에게 다가가 이렇게 말했대요.
"그림에서 삶을 정말로 사랑하는 게 느껴져요."

키스는 정말로 그랬어요! 어떤 어려움이 닥쳐도 날마다 자신의 삶을 사랑했어요.
에이즈라는 심각한 병에 걸렸다는 걸 알고 난 후에도
키스는 계속해서 그림을 그리고 그것을 모든 사람들과 나눴어요.
처음에는 무척 슬펐지만 이내 굳게 마음을 먹었어요.
매 순간이 마지막인 것처럼 하루하루 후회 없이 살기로요.

"내게 일어난 모든 일에 감사해. 무엇보다 어린이들과
말없이도 교감할 수 있는 건 내 삶에 주어진 '선물'이야.
어린이들은 내 안의 '특별함'을 알아봐 주는 존재야."

어느 날 아침, 키스가 뉴욕 거리에서 음악 공연을 즐기고 있는데
이탈리아에서 온 어느 아빠와 아들이 그를 알아보고 말을 걸었어요.
키스는 두 사람을 작업실로 초대했어요. 이후 두 사람은
키스를 이탈리아로 초청해 벽화를 그리고 전시회를 열도록 해 주었어요.

1989년 6월, 키스는 이탈리아 피사에 있는 성 안토니오 성당에 도착했어요.
그곳에 사는 수도사들이 그를 반겨 주었고 수도원 저녁 식사에 초대했어요.
그가 왔다는 소식이 알려지자 유럽 곳곳에서 키스와 그의 그림을 보려는 사람들이 찾아왔어요.

벽화를 마무리하는 날,
사람들이 구름 떼처럼 모여들었어요.
키스가 마침내 그림을 완성한 순간,
환호와 박수가 터져 나왔어요!
도시 전체에서는 성대한 잔치가 열렸어요.
거리에 음악이 울려 퍼지고, 사람들은 춤을 췄어요.
어린이, 할아버지, 할머니, 군인, 수도사까지
모두가 걸작의 탄생을 축하했어요.

"피사 벽화는 내 모든 작품을 통틀어 단연 최고야."
키스는 이렇게 말했어요.

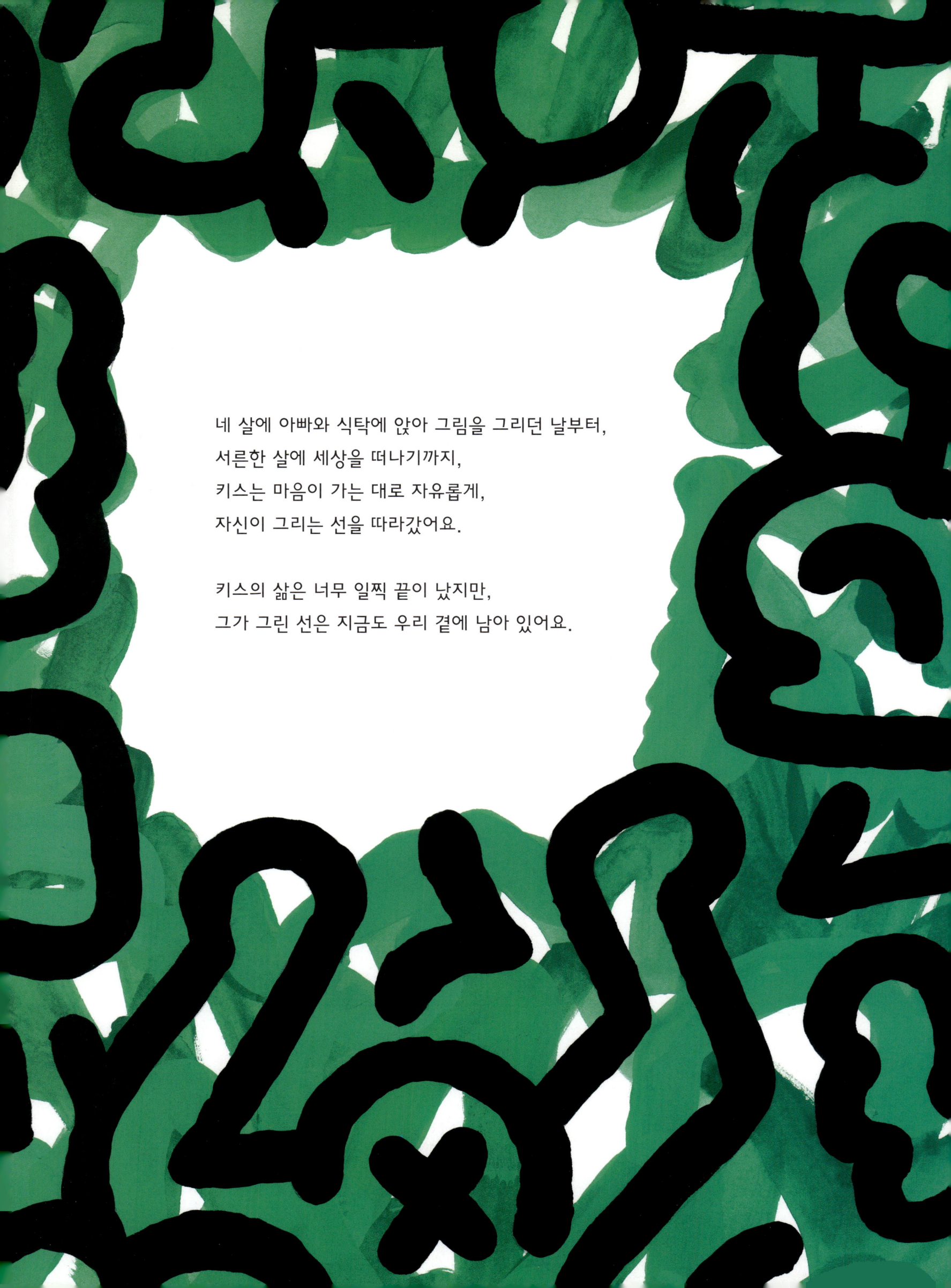

네 살에 아빠와 식탁에 앉아 그림을 그리던 날부터,
서른한 살에 세상을 떠나기까지,
키스는 마음이 가는 대로 자유롭게,
자신이 그리는 선을 따라갔어요.

키스의 삶은 너무 일찍 끝이 났지만,
그가 그린 선은 지금도 우리 곁에 남아 있어요.

…… 그리고 영원히 계속될 거예요.

키스 해링의 생애

키스 해링은 1958년 5월 4일 미국 펜실베이니아주 리딩에서 태어나 쿠츠타운이라는 마을에서 자랐습니다. 어릴 때부터 그림 그리기를 좋아해 예술가를 꿈꿨습니다. 1976년 고등학교를 졸업하고 피츠버그에 있는 아이비 전문 미술 학교에서 두 학기 동안 공부한 후 중퇴하고 뉴욕으로 떠났습니다. 1978년 뉴욕에 도착한 키스는 지하철, 거리의 벽, 상점, 시내, 동네 곳곳을 뒤덮은 그라피티를 보고 영감을 얻어 창작에 몰두했습니다. '예술은 모두를 위한 것'이라고 믿었던 키스는 1980년 스물두 살의 나이에 분필을 들고 지하철에 그림을 그리기 시작했습니다.

이후 10여 년이 흘러, 키스는 모두가 사랑하고 인정하는 예술가가 되었습니다. 앤디 워홀, 윌리엄 버로프, 빌 T. 존스, 마돈나, 오노 요코, 그레이스 존스 등 여러 시각 예술가와 무용수, 음악가가 그와 함께 작업했습니다. 사회 정의를 위해 싸웠던 키스는 문맹 퇴치, 핵무기 폐기, 에이즈 예방과 차별 방지 등 좋은 목적에 쓰이도록 자신의 작품을 아낌없이 기부했습니다. 왕성한 창작자이기도 했던 그는 전 세계를 돌아다니며 자신의 작품을 나눴고, 병원과 고아원, 어린이집, 자선 단체 등을 방문해 누구나 볼 수 있는 공공 작품을 50개 넘게 제작했습니다. 키스는 1990년 2월 16일, 서른한 살의 나이로 세상을 떠났습니다. 하지만 그가 남긴 온기는 지금도 우리 곁에 남아 있습니다.

1984년 이탈리아 로마의 팔라엑스포 박물관에서 벽화를 그리고 있는 키스 해링.
Copyright © 1984 by Stefano Fontebasso De Martino.

글쓴이의 말

열다섯 살에 키스 해링의 작품을 처음 좋아하게 되었습니다. 앨범 〈아주 특별한 크리스마스〉의 커버를 보며 도대체 'K. 해링'이 누구일까 궁금해하던 것이 기억납니다. 그의 그림은 단숨에 저를 매료시켰고, 제가 살던 남부 캘리포니아 너머의 세상을 상상하게 했습니다. 지금처럼 어디서나 인터넷을 할 수 있는 세상이 오기 전에 어린 시절을 보낸 제게, 낯선 곳에서 온 반짝거리는 작은 조각은 대단한 발견이자 특별한 초대장처럼 느껴졌습니다.

결국에는 키스를 따라 뉴욕으로 가게 되었고, 그곳에서 그가 그랬던 것처럼 강렬한 창작욕에 눈을 떴습니다. 그러다 2012년에 브루클린 박물관에서 열린 '키스 해링 회고전'에 가게 되었습니다. 작품 앞에 서 있기만 해도 찌릿한 전류처럼, 또 흥겨운 디스코 선율처럼 고동치는 키스의 힘을 고스란히 느낄 수 있었습니다.

기념품 가게에서 키스 해링의 일기를 펼쳐 드니 이런 문장이 눈에 들어왔습니다. "어린이들은 어른들이 잊고 사는 무언가를 간직하고 있다. 어린이들은 존재 자체만으로 특별한 매력을 가지고 있다. 어른들이 그 존재의 소중함을 이해하고 존중하는 법을 배운다면 참 좋을 것이다." 10년 넘게 뉴욕 공립 학교에서 시를 가르치던 저에게 키스가 말한 진실은 깊은 울림을 주었습니다.

1986년 7월 7일에 쓰인 그의 일기에는 이런 문장이 있었습니다. "이제야 한 인물에 관한 전기의 중요성을 깨닫는다. 생각해 보면, 나는 언제나 존경하는 예술가들의 전기를 즐겨 읽었다(그리고 그 글에서 많은 것을 배웠다). 어쩌면 전기야말로 내게 중요한 배움터였다." 이 문장을 읽고 나자 앞으로 해야 할 일이 떠올랐습니다. 바로 키스의 이야기를 어린 독자들에게 들려주는 것이었습니다.

제 계획을 들은 몇몇 사람은 걱정스러워했습니다. 키스가 동성애자이고 에이즈에 걸렸다는 게 이유였습니다. 다행히도 출판사에서는 개방적인 어린이 책이 필요하다는 생각에 전적으로 동의해 주었습니다. 큰 질병에 맞서 싸우는 어린이들, 영웅처럼 용감했던 키스의 삶에서 힘과 용기를 얻을 어린이들을 위해 책을 만든다면 어떨까요?

지금으로부터 약 30년 전, 잡지 〈롤링 스톤〉은 표지 기사로 키스의 인터뷰를 실었습니다. 1989년 8월이었으니까, 키스가 피사에서 벽화 작업을 마치고 두 달이 지난 후이자 세상을 떠나기 다섯 달 전의 일입니다. 이 인터뷰에서 키스는 진심을 담아 이야기합니다. 에이즈 진단을 받은 게 세상에 알려진 후에도 그를 부르는 곳으로 가 어린이들을 만날 것이냐는 질문에 키스는 조심스러워하면서도 솔직함을 잃지 않았습니다. 그는 '지금 자라나고 있는' 어린이들을 진심으로 걱정했습니다.

"누군가의 존재가 틀렸다고 말하는 사람들의 목소리가 커지고 있다. 이 세상에는 동성애자임을 스스로 공개한 본보기가 너무 부족하고, 성 정체성을 떳떳이 드러내는 사람도 많지 않다. 이제는 이런 문제를 터놓고 이야기해야 한다."

키스처럼 용감하고 적극적으로 자신을 드러낸 사람들 덕분에, 1989년 이후로 세상은 많이 달라졌습니다. 하지만 아직 가야 할 길이 멉니다. 성 소수자를 향한 차별과 폭력이 가정 안에서, 또 세계 곳곳에서 여전히 벌어지고 있으니 말입니다.

저는 키스의 용기와 창의력에 고마운 마음을 담아 이 책을 썼습니다. 키스의 작품은 그가 살던 시절보다 요즘 더 쉽게 만날 수 있는 것 같습니다. 티셔츠와 포스터, 스케이트보드와 거리의 벽에서 그의 그림이 춤을 추고 있습니다. 저는 그것을 그린 키스의 인간적인 모습을 보여 주고 싶었습니다. 너그러운 마음으로 자신의 삶 한가운데에 어린이들을 초대한 사람이자, 지금까지 우리에게 영감과 즐거움을 주고 열린 마음과 자유와 기쁨의 힘을 발산하고 있는 뛰어난 예술가의 모습을요.

그린이의 말

아트센터 칼리지 오브 디자인(미국의 사립 디자인 학교)의 학생이었을 때 키스 해링의 그림과 처음 만났습니다. 도서관 복도 바로 맞은편 벽에 그가 그린 알록달록한 추상화가 있었습니다. 저는 매일 그 벽화를 보았습니다. 볼 때마다 감탄하며 '지금껏 본 그림 가운데 최고야. 어떻게 이런 걸 만들었을까?' 하고 생각했습니다. 무심하게 서로 엇갈리는 두툼한 선들과 강렬한 색채, 어쩌다 생긴 물감 방울까지, 모든 게 자연스럽고 멋졌습니다.

저는 그림을 그릴 때 왼쪽 상단 귀퉁이부터 천천히 채워 나가는 방식을 좋아합니다. 인물의 팔이나 치즈버거를 너무 크거나 작게 그렸다 싶으면 다음 사물을 달리 그리게 됩니다. 크기를 줄여 좁은 공간에 밀어 넣거나, 밝은 보랏빛 구름을 더해 균형을 맞춥니다. 이렇게 의식의 흐름에 따라 작업하는 방식은 대부분 키스에게서 배운 것입니다. 아무 망설임 없이 벽과 화폭 앞에 섰던 키스는 지금도 변함없이 저에게 영감을 줍니다.

매슈 버제스 글

시인이자 교수, 어린이 책 작가입니다. 브루클린 칼리지에서 학생들을 가르치고, '가르치는 예술가'로 뉴욕 공립 학교의 학생들을 종종 만납니다. 키스 해링을 영웅으로 생각하는 버제스는 첫 어린이 책 《거대하게 작은 존재: E. E. 커밍스 이야기》로 많은 사랑을 받았습니다.

조시 코크런 그림

캘리포니아와 대만에 뿌리를 두었으며 지금은 뉴욕의 브루클린에 살고 있는 일러스트레이터이자 벽화 작가입니다. 그래미상에서 앨범 커버 부문 후보에 올랐고 그 밖에도 여러 상을 받았습니다. 여행과 마라톤을 아주 많이 좋아합니다. 키스가 다녔던 뉴욕의 시각 예술 학교에서 학생들을 가르치고 있습니다.

송예슬 옮김

대학에서 영문학과 국제정치학을 공부했고 대학원에서 비교문학을 전공했습니다. 바른번역 소속 번역가로 활동 중이며, 계간지 《뉴필로소퍼》 번역진으로 참여하고 있습니다. 옮긴 책으로는 《전설의 가위바위보》《그들은 말을 쏘았다》《미국, 새로운 동아시아 질서를 꿈꾸는가》《우먼즈헬스 요가 대백과》《계란껍질 두개골 법칙》《예스 민즈 예스》 등이 있으며, 고양이 말리, 니나, 잎새와 살고 있습니다.